MÉMOIRE

SUR

LA DILUTION DU SANG

PAR L'ÉTHER SULFURIQUE SOUFRÉ,

comme moyen préventif et curatif

DU CHOLÉRA.

Par le Docteur A.-L. ROUX.

PARIS

IMPRIMERIE BAILLY, DIVRY ET Cᵒ,

PLACE SORBONNE, 2.

1856

MÉMOIRE

SUR

LA DILUTION DU SANG

PAR L'ÉTHER SULFURIQUE SOUFRÉ,

Comme moyen préventif et curatif du CHOLÉRA.

Par le Dr A.-L. ROUX.

I

Lorsque j'entrepris mes recherches sur la conservation des matières animales, je n'avais pas pour seul but d'arriver à la pratique des embaumements par la découverte de nouveaux antiseptiques ; je tenais, avant toute chose, à approfondir les phénomènes de la fermentation putride et à y puiser de nouveaux enseignements. L'étude du cadavre est une mine féconde qui n'a pas été suffisamment explorée sous le point de vue des avantages que la médecine pouvait en retirer. L'immortel Bacon, il est vrai, avait déjà fait entrevoir toutes les sources d'instruction qu'elle renfermait, et il s'était efforcé d'attirer les regards des médecins et des chimistes vers un sujet aussi important ; mais soit répugnance pour une telle matière, soit indifférence de leur part, l'étude de la septicité a été à peine l'objet de quelques investigations. Darçonville est le seul qui ait fait de nombreuses expériences sur les substances supposées propres à retarder ou à combattre la putréfaction. Quoique tentée sur une large voie et frappée au coin de la plus scrupuleuse exactitude, quelle valeur peut avoir à nos yeux une expérimentation qui ne saurait supporter le moindre examen critique (1)? On voit avec regret qu'un travail opiniâtre de cinq à six années soit resté si stérile pour la science.

II

Je n'avais donc rien à demander aux travaux de mes devanciers, aucun d'eux ne pouvant me fournir des indications qui me servissent de guide. J'en appelai à l'expérience et à l'observation.

En suivant pas à pas l'oxydation et la fermentation de la matière animale, j'eus lieu de remarquer que les organes congestionnés étaient ordinairement les parties chez lesquelles elles se produisaient avec le plus de rapidité. Ce fut là le trait de lumière qui dirigea mes recherches vers la conservation du sang. L'expérience démontre, en effet, que la chair musculaire isolée se dessèche elle-même, tandis qu'elle se putréfie lorsqu'elle contient une certaine quantité de fluides. Après bien des tentatives infructueuses, j'arrivai à prévenir et annihiler les effets de cette putridité. Le succès couronnait enfin mes efforts. Voici comment je procédai :

Soixante grammes de sang, sortant directement de la veine, ayant été recueillis dans un flacon, j'y versai de vingt à vingt-cinq gouttes d'éther sulfurique; je bouchai à l'émeri et j'agitai le mélange. Aussitôt le sang prit la teinte artérielle et augmenta de cha-

(1) Chaque expérience repose sur 8 grammes de chair musculaire de bœuf frais plongée dans 60 grammes de dissolution, ou recouverte de poudres agissant bien plus par leur propriété absorbante que par leur vertu antiseptique.

leur. Vingt-quatre heures après il formait un caillot d'une consis-
tance gélatineuse ; un mois écoulé, ce sang présentait les mêmes
conditions. L'idée me vint alors de plonger le flacon ouvert dans un
vase contenant de l'eau chauffée à vingt-cinq degrés. Sous l'influence de cette température le sang se liquéfia. Abandonné en-
suite à l'air, il ne se coagula complétement qu'au bout de trente-
cinq à quarante jours, sous la forme d'un pain rouge-rouille,
poreux et friable.

Des caillots de sang retirés du cœur d'un homme mort de cho-
léra-cyanique et asphyxique, soumis aux mêmes épreuves, me don-
nèrent des résultats identiques.

D'autre part, j'avais eu à constater que du sang veineux, d'un
poids de trois cent cinquante grammes, reçu dans une cuvette où
je l'avais laissé se putréfier, avait perdu, en le mêlant à dix
grammes de soufre sublimé en poudre, non-seulement son odeur
infecte, mais encore qu'il était resté près d'un mois à se dessécher.

Ces faits curieux, en fixant vivement mon attention, me portè-
rent à unir l'action de l'éther sulfurique à celle du soufre. Je repris
en sous-œuvre mes expériences, mais en n'agissant que sur du
sang extrait des cadavres de cholériques. Mes nouveaux essais me
conduisirent aux résultats suivants :

Après avoir placé dans un petit bocal soixante grammes de sang
cailloté du cœur d'un cholérique et y avoir ajouté vingt-cinq
gouttes d'un mélange de trente grammes d'éther sur un gramme
de soufre sublimé que j'avais préalablement agités, je fermai le
bocal en secouant le tout. Les caillots, d'abord si résistants et si
noirs, tombèrent immédiatement en dissolution, et le liquide prit
une teinte carminée. Au dixième jour, par un temps sec et de vingt
degrés de chaleur, celui-ci n'ayant éprouvé aucun changement, je
débouchai le vase et laissai ainsi l'éther se volatiliser. Le sang se
coagula peu à peu, et sa dessiccation donna une masse imputres-

ciblé, d'une couleur d'oxyde de fer, d'une cassure franche et à reflet.

Telles sont les données que je retrouvai constamment en traitant le sang par ce simple procédé. Le raisonnement ne fit que m'entraîner à en faire des applications comme moyen thérapeutique, car à ce titre l'éther sulfurique soufré offre à la médecine un puissant auxiliaire contre un fléau d'autant plus redoutable qu'il est inconnu.

III

Déjà, en examinant ses effets divers sur l'économie, nous trouvons que, seul, l'éther sulfurique est spécialement utile :

1° Comme un stimulant dont l'action est diffusible ;

2° Comme antispasmodique ;

3° Comme ayant la propriété de soustraire le calorique animal en se volatilisant ;

4° Comme antiseptique ;

5° Comme vermifuge.

Si, maintenant, on lui associe le soufre sublimé, on augmente par cette addition :

1° Sa vertu astringente et antiphlogistique ;

2° Sa propriété d'agir sur les vaisseaux exhalants et absorbants ;

3° Son action diaphorétique et antipsorique.

Et que l'on remarque qu'avec cette faculté d'agir sur tous les systèmes, l'éther sulfurique peut se passer du mode ordinaire d'absorption dans l'organisme, qu'il pénètre par son principe volatil à travers nos tissus et s'y infiltre jusqu'aux dernières limites. Ce fait est facile à vérifier en suspendant un morceau de viande dans un bocal bien fermé et contenant dans son fond une quantité suffisante d'éther. Après un séjour plus ou moins long, selon le volume de la pièce, on retire celle-ci, et en la divisant par tranches, la présence de l'éther se manifeste dans chaque coupe. Abandonnées à l'air libre, ces tranches se dessèchent et permettent de distinguer, à travers leur transparence, la concrétion du sang qui s'est opérée dans les tissus.

Pour bien se rendre compte de l'efficacité de ce nouvel agent thérapeutique, il nous reste à comparer les effets de son application avec ceux des moyens employés jusqu'ici dans le traitement du choléra. Nous allons essayer de remplir cette tâche.

IV

Et d'abord nous devons nous adresser les questions suivantes en procédant par ordre dans nos réponses :

1° Qu'est-ce que le choléra?

Une phlegmasie passive des membranes muqueuses pour les uns; une névrose du grand sympathique selon les autres; d'après un illustre anatomiste, une éruption de forme variolique du canal intestinal; enfin, aux yeux du plus grand nombre, une maladie des voies digestives produite par l'action d'un principe miasmatique, ou par la présence d'animalcules d'une nature inconnue répandus dans l'atmosphère.

2° Quelles sont les causes occasionnelles de cette maladie?

On a cru les trouver dans une mauvaise alimentation, dans l'abus des boissons, dans les excès de la table, dans l'usage d'une trop grande quantité de fruits, dans le passage subit d'une température chaude à une température froide, et *vice versa;* dans l'insalubrité des habitations ou des lieux, etc., etc.

3° Quel est son traitement?

Chaque médecin, suivant son point de vue, préconise les antiphlogistiques, les toniques, les stimulants, les antispasmodiques, les antipsoriques, les évacuants, etc., etc.

1° Cette divergence d'opinions émises sur le siége de cette affection né témoigne rien moins que le choléra est une maladie qui reste encore à connaître.

2° L'absence de toutes ces causes donne parfois un démenti à la science.

3° Faites l'addition des succès et des insuccès à la suite de chacun de ces traitements, et vous trouverez, à peu de chose près, les mêmes résultats.

Un de nos jeunes et laborieux confrères, M. Duchaussoy, a cherché à démontrer, par une série d'expériences qui ont servi d'appoint à sa thèse inaugurale, qu'à un moment donné, l'abolition de l'absorption neutralisait l'action des médicaments dans l'économie, et partant, réduisait à l'impuissance tous les efforts de la thérapeutique. Cette particularité n'est pas seulement inhérente au choléra, on la trouve dans la dernière période de la plupart des maladies qui se terminent par la mort. Il n'est pas un médecin qui, dans sa pratique, n'ait eu l'occasion d'assister à l'une de ces agonies de plusieurs jours, durant lesquelles toutes les ressources de l'art ont été vainement essayées par un ou plusieurs collègues sans que le malade ait paru éprouver la plus faible réaction sous la médication la plus énergique. Est-ce alors une raison de ne rien tenter? Faut-il que le médecin reste témoinin actif dans ces cas extrêmes? Je ne le pense pas; car il ne nous a pas été donné de pouvoir fixer au juste les limites de la vie.

Mais avec quelle circonspection ne doit-on pas faire usage de médicaments tels que les drastiques, la strychnine, l'opium, etc., que leur inertie momentanée engage à porter jusqu'à des doses toxiques? Survienne alors un mouvement de retour à l'existence, et ces substances, reprenant leur empire, amènent la mort au moment suprême où se réveillait le jeu de nos organes.

V

Somme toute, en énumérant les divers médicaments employés contre le choléra, et en comparant une à une les vertus qu'on leur attribue à celles de l'éther sulfurique soufré, on constatera que ce dernier les possède toutes à lui seul ; que, de plus, il s'introduit par sa propre force dans l'économie ; enfin, que sa puissance anti-cholérique, s'appuyant sur un principe volatil, s'arrête là même où son concours ne nous semble plus d'aucune utilité.

A ces précieux avantages il joint encore celui de n'arrêter les évacuations qu'avec lenteur, de jour en jour, à mesure que la circulation se rétablit, et conséquemment de ne point s'opposer à l'expulsion des matières morbides. On sait que la suppression trop brusque des déjections provoque toujours une de ces réactions spontanées, terribles, à la suite desquelles succombent la plupart des cholériques.

VI

Sa préparation est aussi prompte que facile ; en voici la formule :

> Éther sulfurique, 30 parties.
> Soufre sublimé, 1 partie.

agitez chaque fois.

Une petite partie de soufre se dissout dans l'éther, l'autre s'y tient en suspension.

Son mode d'administration est fort simple :

On le donne à la dose de 5 à 6 gouttes dans un demi-verre d'eau de Seltz ou d'eau froide, après chaque vomissement.

Le malade peut en boire à volonté sans danger ; bien mieux,

plus l'ingestion de l'eau éthérée est rapprochée, plus l'amélioration est rapide.

Ses effets se produisent de la façon suivante :

1° Le pouls, presque nul au début, devient en quelques heures appréciable et finit par atteindre peu à peu son état normal.

Ce premier effet s'explique de lui-même : l'action stimulante de l'éther sulfurique soufré se porte tout d'abord vers le cœur dont il excite la contractilité, et de là s'étend progressivement sur tout le système vasculaire. Cette impulsion continue que les vomissements favorisent, jointe à la propriété antiseptique du fluide volatil, s'oppose à la stagnation du sang et, par conséquent, à la séparation des humeurs qui entrent dans sa compositiou. Le sang, dans son parcours, maintient la vie dans l'organisme, et permet au nouvel agent thérapeutique de faire valoir une à une les propriétés dont il jouit.

2° Avec le retour de la circulation, la chaleur revient graduellement sur toute la périphérie du corps.

3° Sous cette double influence, la cyanose s'efface par degrés, les crampes s'éteignent et les traits reprennent leur première expression.

4° Les évacuations alvines se raréfient de jour en jour, et terminent par être légèrement jaunâtres et odorantes.

5° Les vomissements, réduits, de nombreux qu'ils étaient, à deux ou trois par jour, sont les derniers à disparaître, s'opposant ainsi jusqu'au dernier instant à la congestion pulmonaire.

6° Arrive enfin l'écoulement plus ou moins abondant des urines.

Dès l'apparition des garde-robes colorées et odorantes, on facilite la sécrétion biliaire avec un purgatif huileux ou salin, à dose fractionnée ; les vomissements s'arrêtent aux premiers effets de cette dérivation.

Le malade alors entre en pleine convalescence ; six à sept jours suffisent ordinairement pour opérer tout cet ensemble qui constitue cette dernière période.

Lorsqu'au début les crampes fatiguent trop vivement le patient, on le soulage immédiatement au moyen de frictions sèches, ou mieux, faites avec un mélange par moitié d'alcool et d'éther.

D'autres fois, pendant la période de réaction, et plus souvent après, il survient, chez les malades à constitution pléthorique, des douleurs lombaires intolérables, qui cèdent toujours à une ou deux saignées locales.

Il est inutile d'ajouter que le médecin devra diriger la diététique des convalescents selon les nécessités des circonstances.

VII

Tel est le mode de traitement par l'éther sulfurique soufré. Son efficacité ne peut être comparée qu'à sa facilité de mise en pratique. Depuis le jour que j'en essayai l'application, je l'affirme, je n'ai eu à enregistrer que succès sur succès.

J'aurais à joindre ici, pour corollaire obligé de ce travail, une longue série d'observations ; mais il m'a semblé plus convenable de me restreindre dans ce désir, tout vif et légitime qu'il est. Je me suis donc contenté d'en extraire quatre sur ce nombre, en les prenant toutefois chez des sujets d'âge et de sexe différents, persuadé que ces exemples viendraient suffisamment à l'appui de mes assertions. Les autres ne figureront à la suite que par des indications de nom, de sexe, d'âge, de profession et de demeure. J'éviterai par là des répétitions descriptives fatigantes pour le lecteur et inutiles pour la science.

1ʳᵉ *Observation.* — Marie Gantois, âgée de 4 ans, demeurant rue Monsieur-le-Prince n° 41, a la diarrhée depuis plusieurs jours. La veille, elle a rendu deux lombrics ; aussi sa famille se préoccupe-t-elle peu de son état qu'elle attribue à la présence de ces vers.

Le 21 décembre 1853, au retour de l'école, sur le midi, la mère est frappée de l'altération qu'elle remarque sur les traits de sa fille, et du froid glacial chez elle de la figure et des mains. Elle veut la coucher, mais l'enfant résiste et s'obstine à se mettre à table. A peine a-t-elle pris quelques cuillerées de potage, que les vomissements se manifestent; on croit à une indigestion et l'on donne du thé. Les symptômes s'aggravant d'instant en instant, les parents effrayés m'envoient chercher pour un cas grave de choléra, ainsi que le leur a dit un étudiant en médecine.

A mon arrivée l'enfant est couchée; son agitation est extrême et accompagnée de plaintes pour des douleurs dans les mollets, des crampes sans doute; les yeux sont caves et cyanosés; le pouls se sent à peine; le corps est couvert d'une sueur froide et argileuse; les besoins incessants de vomir et d'aller sur le siége procurent une fatigue extrême; les matières évacuées sont caractéristiques; l'altération de la voix commence.

Infusion légère de tilleul et de feuilles d'oranger, édulcorée avec le sirop de gomme; bouteilles d'eau chaude autour du corps; frictions calmantes et sinapismes aux jambes.

Ls 22, aggravation des symptômes : pouls épuisé; voix complétement éteinte, cyanose et rétraction des yeux plus prononcées, évacuations alvines involontaires, continuation des vomissements, état comateux dans les intervalles, forte oppression; crampes plus vives, soif inextinguible.

C'était là le cortége ordinaire, comme on le voit, du choléra cyano-asphyxique, qui probablement devait se terminer par la mort, lorsque j'eus l'inspiration de faire usage de l'éther sulfurique soufré que je prescrivis à la dose de trois gouttes dans un verre à Bordeaux d'eau de seltz, de quart d'heure en quart d'heure. Six heures après une amélioration notable s'est manifestée : le pouls est sensible, la peau moins froide, les crampes s'affaiblissent, les évacuations paraissent moindres (l'enfant n'étant pas autant mouillée dans son lit); les vomissements continuent.

Le 23, on m'apprend que la nuit a été fort agitée malgré la cessation des crampes, que la malade a beaucoup bu et rejeté, mais, que depuis cinq heures du matin elle est plus tranquille et paraît, mieux aller.

Je trouve, en effet, un grand amendement dans son état. Le pouls s'est entièrement relevé, le facies est devenu meilleur, la respiration plus libre, la peau chaude et halitueuse ; on est forcé de faire boire l'enfant.

A 10 heures du soir, le mieux continue. Les garde-robes ont diminué; les vomissements, quoique aussi nombreux, fournissent moins de liquide comparativement à l'ingestion de l'eau éthérée. Evidemment il y a commencement d'absorption.

Même prescription.

Le 24, la nuit a été moins bonne que la journée; cependant au jour le mieux reparaît accompagné d'un grand progrès. L'enfant a demandé le vase. Les garde-robes, réduites à quatre, présentent une teinte de plus en plus jaunâtre.

Même prescription.

Le 25, il y a eu quelques heures de sommeil, trois vomissements, une selle bistrée et puante.

Eau de seltz seule pour boisson, un demi-verre d'eau de sedlitz à 50 grammes la bouteille.

Le 26, plus de vomissements, un peu d'urine, trois selles noirâtres et infectes.

Eau de seltz rougie avec du vin de Bordeaux, bouillon de poulet.

Le 27, urines abondantes, une selle bilieuse, timbre de voix normal, facies naturel, besoin d'aliments.

Eau rougie avec du vin de Bordeaux, deux potages, bouillon de poulet.

Le 28, convalescence complétement établie.

2e *Observation*. — La nommée Bouquet, couturière, âgée de 26 ans, demeurant rue Saint-Jacques, 82, est arrivée au terme d'une seconde grossesse. Le 31 août 1853, à la suite d'une diarrhée prodromique datant d'une vingtaine de jours., elle est prise d'une attaque de choléra cyano-axphyxique. Voici l'état dans lequel je la trouvai.

Pouls nul, cyanose et excavation des yeux, traits amaigris, crampes intolérables, froid glacial et humidité argileuse de tout le corps, vomissements continus, phlegmorrhágie intestinale, barre épigastrique, aphonie complète, suppression des urines, soif insatiable. Au dire des voisins, cette femme est devenue méconnaissable en quelques heures.

J'ordonnai cinq à six gouttes d'éther sulfurique soufré dans un demi-verre d'eau de seltz, de quart d'heure en quart d'heure, et des frictions alcooliques éthérées.

Le 1er septembre, pouls appréciable, crampes plus rares, peau moins froide, oppression diminuée.

Même prescription.

Le 2, pouls relevé, chaleur, facies meilleur, voix moins faible, cessation des crampes, selles distantes, vomissements réduits, douleur épigastrique légère.

Continuation de l'eau gazeuse éthérée.

Le 3, la femme est accouchée à minuit d'un enfant mort-né, cyanosé et dépouillé sur divers points de son épiderme ; état général amélioré.

Même ordonnance.

Le 4, écoulement des lochies, voix légèrement voilée, .diminution de tous les symptômes.

Ut supra.

Le 5, suppression des lochies produite par une imprudence , seins flétris, facies congestionné, pouls fort, douleurs aiguës à l'abdomen, selles rares, quelques vomissements, barre épigastrique.

Sangsues aux cuisses, sinapismes, boisson éthérée.

Le 6, retour des lochies, traits naturels, mais animés, épigastre dégagé, selles bilieuses, un peu d'urine.

60 grammes d'huile de ricin, thé léger après.

Le 7, lochies, urines abondantes, trois selles fétides, voix naturelle, sentiment de faim.

Bouillon de poulet, eau rougie.

Le 8, une selle bilieuse , sommeil profond , beaucoup d'urine, appétence.

Trois potages, eau de seltz rougie.

Le 9, convalescence, sans que la femme ait présenté le moindre signe de la fièvre de lait.

3ᵉ *Observation.*—Le nommé Mialet, maître-coupeur du tailleur de l'École polytechnique, âgé de 30 ans, et demeurant place Louis-le-Grand n° 5, est pris, le 26 juin 1854, des symptômes suivants : cyanose, crampes aiguës, refroidissement général, vomissements, phlegmorrhagie intestinale, absence du pouls, suppression des urines, barre épigastrique, aphonie.

Pour prescription, eau de seltz éthérée, frictions sèches.

Le 27; chaleur légère à la peau, pouls sensible, selles moins nombreuses, persistance des crampes.

Même boisson, frictions d'alcool et d'éther.

Le 28, chaleur plus élevée, pouls normal, crampes apaisées, épigastre libre, soif modérée.

Ut supra.

Le 29, chaleur naturelle, plus de crampes, cyanose s'effaçant, selles et vomissements moindres.

Continuation du traitement.

Le 30, deux selles bilieuses, un peu d'urine.

Eau de sedlitz, eau de seltz édulcorée avec le sirop de groseilles.

Le 1ᵉʳ juillet, quatre selles noirâtres et puantes, urines abondantes, besoin d'aliments.

Deux potages légers au bouillon de poulet, eau rougie.

Le 2, convalescence.

4° *Observation.* — Le nommé Camuzet, sans profession, âgé de 72 ans, et demeurant impasse Saint-Dominique-d'Enfer n° 9, a la diarrhée prodromique depuis quelques jours. Le 31 août 1854, les vomissements se déclarent chez lui et progressent avec la diarrhée de telle façon que cet homme, en peu d'heures, n'offre plus que des traits anguleux et cyanosés, recouverts d'une peau glaciale et visqueuse; on dirait une tête de mulâtre desséchée et graissée. Les crampes sont si vives, qu'elles semblent à chaque crise galvaniser le patient. La voix n'est plus qu'une espèce de son guttural s'échappant sous les efforts d'une poitrine profondément congestionnée. Depuis la veille le malade n'urine plus; le pouls est nul.

Eau de seltz éthérée, frictions avec moitié alcool et éther.

Le 1ᵉʳ septembre, même état, sauf que le pouls est devenu appréciable et que les crampes sont moins prochaines.

Le 2, pouls relevé, douce chaleur sur le corps, crampes plus éloignées, selles moins nombreuses, oppression diminuée.

Le 3, pouls normal, chaleur avec transpiration, cessation des crampes, quelques selles, vomissements réduits à six.

Le 4, une selle bilieuse, trois vomissements.

Eau de sedlitz, eau de seltz avec sirop de groseilles.

Le 5, plus de vomissements, apparition des urines, besoin de nourriture.

Le 6, entrée en convalescence.

Ce sujet a présenté ce fait remarquable que plus de quinze jours après sa guérison il conservait une coloration anormale du visage semblable au teint d'un homme apoplectique en état d'ébriété.

5ᵉ *Observation*. — Duchemin, logeuse, 38 ans, rue des Fossés-Saint-Victor, 116; première visite, le 18 avril; dernière, le 1ᵉʳ mai 1854.

6ᵉ *Observation*. — Duchemin, maçon, 28 ans, *id.*; première visite, le 8 mai; dernière, le 15.

7ᵉ *Observation*. — Bergeretto, nourrice, 36 ans, rue Antoine-Dubois, 4; première visite, le 18 mai; dernière, le 28.

8ᵉ *Observation*. — Estrubal, laitière, 28 ans, place Louis-le-Grand, 5; première visite, le 9 juin; dernière, le 25.

9ᵉ *Observation*. — Tisserand, couturière, 32 ans, rue de la Harpe, 47; première visite, le 20 août; dernière, le 31.

10ᵉ *Observation*. — Dargassi, domestique à l'Institution Loriol, 36 ans, rue Monsieur-le-Prince, 35; première visite, le 31 août; dernière, le 12 septembre.

11ᵉ *Observation*. — Barbier, laitier, 28 ans, rue Monsieur-le-Prince, 45; première visite, le 26 octobre; dernière, le 1ᵉʳ novembre.

12ᵉ *Observation*. — Estrubal, mère de la précédente, 52 ans, place Louis-le-Grand, 5; première visite, le 19 octobre; dernière, le 26.

13ᵉ *Observation*. — Fraysse, marchand de vins, 35 ans, place Louis-le-Grand, 8; première visite, le 1ᵉʳ septembre; dernière, le 11.

14ᵉ *Observation*. — Lagorbe, architecte, 26 ans, rue Pierre-Sarrazin, 3; première visite, le 21 septembre; dernière, le 7 octobre.

15ᵉ *Observation*. — Martin, brocanteur, 52 ans, rue de l'École-Polytechnique, 10; première visite, le 3 août; dernière, le 11.

16° *Observation*. — Magnadas, metteur en pages à l'imprimerie Dubuisson, 53 ans, rue Saint-Jacques, 34 ; première visite, le 6 novembre 1855 ; dernière, le 24.

17° *Observation*. — Hugues, couturière, 28 ans, rue Grégoire-de-Tours, 21 ; première visite, le 20 novembre 1855 ; dernière, le 30.

18° *Observation*. — Lollivier, rentière, 58 ans, à l'embarcadère du Chemin de Fer de Sceaux ; première visite, le 24 septembre 1855, dernière, le 5 octobre.

Tous ces cas étaient des plus caractérisés, plusieurs d'entre eux ont été constatés par des confrères d'un mérite supérieur, et pourtant sept à quinze jours de traitement par l'éther sulfurique soufré ont d'habitude suffi pour amener la guérison.

Mais si son influence est à ce point remarquable dans les cas graves, elle l'est bien plus à l'apparition des prodromes. Les cholérines cèdent presque instantanément à l'emploi de l'eau éthérée ; les vomissements et les diarrhées rebelles, quelle qu'en soit même la cause, s'arrêtent le plus souvent et toujours subissent sous son action multiple de notables modifications.

Le temps et l'expérience, je l'espère, ne feront que confirmer mes appréciations sur ce nouvel agent thérapeutique.

Paris. — Imprimerie Bailly, Divry et Cᵉ, place Sorbonne, 2.